Reinhard Deichgräber

Und unterwegs
wirst du
ein anderer Mensch

Vom Wunder der Wandlung

BRUNNEN

VERLAG GIESSEN · BASEL

REIHE „GEISTLICH LEBEN"
Herausgegeben von Siegfried Großmann, Ingrid Reimer,
Gerhard Ruhbach, Peter Soeder und Ingrid Wilckens
im Auftrag der Stiftung Geistliches Leben

© 1997 Brunnen Verlag Gießen
Umschlaggestaltung: Ralf Simon
Satz: DTP Brunnen
Herstellung: St.-Johannis-Druckerei, Lahr
ISBN 3-7655-5484-7

Für alle,
die je mit mir
gewandert sind

INHALT

FASZINATION DER VERWANDLUNG

Es ist etwas Wunderbares, wenn sich vor unseren Augen ein Mensch verwandelt. Vor allem da, wo es ein Wandel zum Guten ist, sind wir entzückt, wenn etwa ein Geizkragen wenigstens gelegentlich ein freigebiger Verschwender wird; wenn ein Angsthase nicht mehr gehemmt am Ufer steht, sondern mutig in die kalten Fluten springt; wenn ein Stummer, der kaum den Mund zu öffnen wagt, in das Gespräch eingreift; wenn ein träger, schreibfauler Typ anfängt, seitenlange Liebesbriefe zu verfassen; wenn aus einem notorischen Zauderer ein tapferer Widerstandskämpfer wird; wenn ein eiskalter Egoist sich plötzlich für die Nöte seiner Mitmenschen interessiert. Es gibt so viele Seelenzustände, die wir – bei uns selbst wie bei anderen – gern gewandelt sähen: Traurigkeit, Verbitterung, krankhafter Perfektionismus, Mißgunst, Mißtrauen, zwanghafte Rituale, Unzuverlässigkeit, Trägheit, Suchtverhalten aller Art ... es ist soviel an uns, was uns und anderen mißfällt und was wir am liebsten abstellen würden, wenn wir nur könnten.

Wie oft, wie gern hätte ich mich aus einem besorgten Planer, der jedes Risiko vermeiden möchte, wenigstens für ein paar Stunden in einen Bruder Leichtfuß verwandelt! Was gäbe ich darum, wenn aus dem raffinierten Konfliktvermeider ein Igel würde, der seine Stacheln fröhlich zeigt! Und wie schön wäre es, wenn aus mir, dem sie nachsagen, selbst, was er aus dem Stegreif formuliert, sei druckreif, auch mal ein erfolgreicher Stilblütenproduzent würde oder einer, dem die lustigsten Versprecher unterlaufen, so daß sich die Leute den Bauch vor Lachen halten und mich kaum noch wiedererkennen!

Im Karneval, bei Maskeraden, da gibt es Verwandlung, wenigstens für drei Tage. Da wird aus einem Generaldirektor ein Harlekin, ein würdiger Oberstudienrat zum Pierrot, ein ausgebeuteter Angestellter trägt die Königskrone, aus einer Raumpflegerin wird eine Prinzessin, aus einer Friseuse eine Schlampe, ein Polizist erscheint als Monster und eine Steuergehilfin kommt als Nixe. Der schüchterne kleine Dennis geht als Pirat, der wilde Thomas ballert als Cowboy aus zwei Pistolen in die Menge, Jessica ist der gestiefelte Kater und Steffi ist Schneewittchen. Aber wenn die drei tollen Tage vorüber sind, sitzt der Pierrot wieder an seinem Schreibtisch und korrigiert Deutschaufsätze, die Prinzessin muß wieder den Dreck anderer Leute beseitigen, Dennis plagt sich mit der deutschen Rechtschreibung, und Jessica muß die Geschirrspülmaschine leerräumen.

Wie gut haben es die Verwandlungskünstler, die von einer Rolle in die andere schlüpfen können! Wie gebannt habe ich dem Pantomimen Marcel Marceau zugeschaut, wenn er blitzschnell die Rollen wechselte: eben noch Polizist, jetzt selbst Gejagter; glücklich Verliebter – enttäuschter Liebhaber, Luftballonverkäufer und Schmetterling, Seiltänzer und Betrunkener, König und Bettler!

Ja, wenn wir uns verwandeln könnten! Aber wenn nun einer käme und zu uns sagte: Just do it! Tu's doch einfach! Werde, der du sein möchtest! – sofort würden Abwehr und Skepsis sich regen. Unser nüchterner Wirklichkeitssinn protestiert: Wir können uns nicht wandeln. Wir bleiben, wie wir sind. Schließlich kann man es immer wieder lesen, besonders in Illustrierten und in zweitklassigen Büchern: Mit sechs Jahren, spätestens mit sieben Jahren, steht der Mensch fix und fertig da, sind alle wesentlichen Verhaltensmuster voll ausgebildet, der Rest des Lebens ist nur noch Anwendung des längst Festgelegten. So sagt es die Wissenschaft.

Ganz einig ist sich die Wissenschaft an dieser Stelle freilich nicht: In einer Talk-show, natürlich zu fast mitternächtlicher Stunde, war ein namhafter Gelehrter zu hören, dessen Forschungen ergeben hatten, daß der Mensch schon mit zwei oder allenfalls mit drei Jahren fix und fertig ist – es kommt dann eigentlich nichts Neues mehr. Ob die Wissenschaftler, die solches schreiben oder in erlauchter Runde zum besten geben, auch von sich selbst so denken?

Wenn sie recht hätten, müßte das Verhalten der Menschen eigentlich in einem hohen Maße berechenbar sein, zumindest für Fachmänner und Fachfrauen! Aber noch ist der Mensch ein unberechenbarer Zweibeiner, und die Fähigkeit, sich selbst und seinesgleichen zu verblüffen, ist und bleibt sein bestes Teil.

Darum steht am Anfang dieses Buches die These: Verwandlung ist möglich. Wandlungsfähig zu sein gehört zu den Grundeigenschaften des Lebens. Wo keine Wandlung ist, da ist Erstarrung, und wo Erstarrung ist, sind Tod und Verwesung nicht mehr fern. Sich wandeln, andere überraschen, so daß sie uns sagen, das hätten sie uns nicht zugetraut, gehört zu den schönsten Freuden des Daseins.

VERWANDLUNG – NICHT VERÄNDERUNG!

Es mag etwas spitzfindig erscheinen, aber mir ist die sorgfältige Unterscheidung zwischen einer Veränderung und wirklicher Verwandlung sehr wichtig. Zugegeben, unsere Alltagssprache macht hier oft keinen scharfen Unterschied, doch unsere Lässigkeit im Wortgebrauch führt zu folgenschweren Verwechslungen, die wir besser vermeiden.

Im Ändern sind alle modernen Gesellschaften groß. Mochten die Menschen früher in der Wiederkehr des Ewig-Gleichen Sicherheit, Geborgenheit und Lebensmut finden – wir haben eher einen Horror entwickelt gegenüber allem, was schon lange nicht mehr geändert worden ist. So ändern wir die Vorfahrtsregelung und die Streckenführung, den Fahrplan und die Preise, die Vorschriften und die Ordnungen, die Rechtschreibung und die Ladenöffnungszeiten, die Gesetze und die Verfassung, die Strukturen und die Zuständigkeiten, die Produktionsformen und das Stadtbild, die Landschaften und – in der Kirche – Liturgie und Gottesdienstordnung. Wir bezeichnen solche Veränderungen gerne als Reform und haben damit auch ein schönes, anspruchsvolles Wort, das freilich etwas hochstaplerisch klingt.

Etwas ändern scheint darum auch im allgemeinen nicht sonderlich schwierig. Zu einer Änderung bedarf es eines vernünftigen Konzepts, rationaler Planung und vor allem eines starken Willens zur Durchsetzung. Änderungen sind in einem hohen Grade machbar. Verwandlungen sind es nicht. Sie sind anderen Gesetzen unterworfen als unsere Reformen. Wer sich nach Verwandlung sehnt, findet keine Methode und keine Gebrauchsanweisung, die bei sorgfältiger Beachtung den Erfolg garantiert. Verwandlungen vollziehen sich leise und unmerklich. Sie werden nicht produziert und kontrolliert, sondern mit Demut wahrgenommen und empfangen. Die Kräfte, die Verwandlung bewirken, sind geheimnisvoll; sie lassen sich nicht verfügbar machen. Ein eigenartiger Zauber scheint hier wirksam. Jede Verwandlung ist ein Wunder. Darum ist unser Thema seinem Wesen nach ein religiöses Thema. Wir bringen es nicht nachträglich mit religiösen Fragen in Verbindung, sondern wir haben es unmittelbar mit der Welt der Religion zu tun. Prediger und Priester sollten sich in dieser Welt auskennen, heilige Texte können Wege weisen, und Riten, wenn sie nicht zur äußeren Form erstarrt sind, müßten Erfahrungen erschließen.

Aber kann der Mensch wirklich nichts zum Verwandlungsgeschehen beitragen? Kommt es über uns wie ein Naturereignis, dem wir willenlos ausgeliefert sind? Wir sind doch nicht ein Stein oder ein Stück Holz, das der Fluß mit sich fortspült! Was ist unsere Verantwortung? Es bleibt dabei: Wir können Verwandlung nicht produzieren. Wir können sie weder planen noch organisieren. Wir können sie auch nicht berechnen oder kontrollieren. Wir können sie nicht behördlich anordnen oder verbieten. Sie läßt sich weder beschleunigen noch drosseln. Aber eins können wir: den Kräften der Verwandlung Widerstand leisten. Wenn wir den Wandel fürchten, wenn wir ihn nicht wollen, wird er sich schlecht oder gar nicht gegen uns durchsetzen. Nicht in irgendeinem Tun, aber im Geschehen-Lassen liegt unser Teil.

Und noch etwas können wir „machen": Bedingungen aufsuchen, die einem Wandlungsprozeß günstig sind. Von einer solchen günstigen Bedingung soll im folgenden die Rede sein: Wenn wir unterwegs sind, mag der Wandel über uns kommen, und am Ziel sind wir nicht mehr so wie damals, als wir uns auf den Weg machten.

WANDLUNG UND WANDERUNG

Schon unsere Sprache legt uns den Zusammenhang von Wanderung und Wandlung nahe. Beide Worte kommen aus einer einzigen Wurzel, die wir auch in dem Zeitwort „wenden" antreffen. „Wandeln" ist in Luthers Bibelübersetzung das gängige Wort zur Wiedergabe der Bewegung im Raum, im wörtlichen wie im übertragenen Sinn. Wenige sind es, die auf dem schmalen Weg wandeln, viele dagegen auf dem breiten Weg (Mt 7,13-14). „Das Volk, das im Finstern wandelt, sieht ein großes Licht", sagt der Prophet Jesaja (9,1), und Abraham wird von Gott aufgefordert: „Wandle vor mir und sei fromm" (1Mo 17,1). Hier und an vielen anderen Stellen steht „wandeln" gleichbedeutend mit „leben" und „Lebensführung". In unserer Umgangssprache ist dieser Gebrauch des Wortes „wandeln" allerdings so gut wie ausgestorben. Nur in einem Wort wie „Lebenswandel" oder in festgefügten Wortverbindungen wie der Feststellung, jemand ist „ein wandelndes Lexikon", ist er noch lebendig.

In der Literatur gibt es zahlreiche Beispiele für so manche entscheidende Lebenswende, die sich einer Wanderung oder Reise verdankt.

Als ein besonders berühmtes Beispiel mag Goethes „Italienische Reise" gelten. Goethe hat das durchaus persönliche Tagebuch jener Reise aus dem Jahr 1786/87 im hohen Alter (1816/1817) doch noch veröffentlicht. Seine Aufzeichnungen lassen erkennen, was für einen tiefen Einschnitt diese Reise in seiner Biographie darstellte, wie sie ihn aus einer Sackgasse seiner persönlichen Entwicklung und seines künstlerischen Schaffens erlöste und ihm ganz neue Wege eröffnete. In Rom notierte er: „Ob ich gleich noch immer derselbe bin, so mein' ich bis aufs innerste Knochenmark verändert zu sein."

Goethes klassischer Darstellung stelle ich ein reizendes Kinderbuch zur Seite, Ursula Wölfels Erzählung „Feuerschuh und Windsandale". Hier lernen wir einen kleinen Jungen, den reichlich dick geratenen Tim, kennen. Er hat das ungewöhnliche Glück, daß sein Vater mit ihm allein eine Reise unternimmt, und zwar im Wortsinn „auf Schusters Rappen". Auf dieser Wanderung lernt es Tim, sich mit seiner körperlichen Erscheinung zu versöhnen, zu ihr zu stehen und den Spott, den er gelegentlich erleben muß, tapfer und humorvoll zu ertragen.

Oder ich denke an Robert M. Pirsigs merkwürdiges Buch über „Zen oder die Kunst, ein Motorrad zu warten". Zu diesem Buch mit seinen anspruchsvollen religiösen und philosophischen Gedanken aus der Welt des Zen gehört als Rahmenhandlung eine Motorradfahrt, die ein Vater mit seinem zwölfjährigen Sohn unternimmt. Der Knabe ist „nicht ganz einfach", ziemlich schwierig sogar, aber am Ende der abenteuerlichen Reise sind Sohn und Vater anders als an jenem Tag, da sie zu ihrer Fahrt aufbrachen.

Und wieviele Märchen erzählen „von einem der auszog", von einem Menschen, der irgendwann aufbrechen muß, um in die Fremde zu ziehen. Auch in diesen Geschichten erfahren wir nicht nur von allerhand Abenteuern, sondern von Wandlung, Reifung und Läuterung, die sich auf der Wanderschaft vollziehen.

Märchen und Sagen sind reich an Verwandlungsgeschichten. Viele von ihnen berichten von einer Verwandlung, die etwas Unangenehmes bedeutet, wenn ein Mensch etwa in ein Tier oder in einen Baum, einen Stein oder einen Felsen verwandelt wird. Aber es gibt auch das umgekehrte Bild, wenn böser Zauber sich löst und aus einem Frosch ein Prinz wird, aus einem Bären der Freier oder wenn, wie bei Astrid Lindgren (Mio, mein Mio) die von dem bösen Ritter Kato in Vögel verwandelten Kinder ihre menschliche Gestalt zurückerhalten. In den Märchen und ihnen verwandten Geschichten ist das Wunder zu Hause, auch das Wunder der Verwandlung.

Auch in der Bibel fehlt es nicht an Überlieferungen, die in diesen Zusammenhang gehören. Zahlreiche Geschichten im Alten wie im Neuen Testament sind „Weg-Geschichten".

Ehe Gottes Volk Israel in das Gelobte Land kommt, muß es die beschwerliche Reise durch die Wüste bestehen, und auch hier bedeutet die Wüstenwanderung viel mehr als nur das Zurücklegen einer bestimmten Wegstrecke. Die Väter – Abraham, Isaak und Jakob – sind Nomaden; dies aber ist weit mehr als nur eine kulturgeschichtliche Feststellung. Eine reizvolle Wandergeschichte lesen wir in dem Teil der Bibel, der bei evangelischen Christen die Bezeichnung „Apokryphen" trägt und in der Regel auch dem eifrigen Bibelleser leider kaum bekannt ist. Das Buch „Tobit" erzählt uns die Geschichte des jungen Tobias, den sein Vater auf eine lange und nicht ungefährliche Reise von Palästina ins ferne Persische Reich schickt. Es ist denn auch keineswegs übertrieben, wenn wir den biblischen Glauben als „Wanderreligion" oder als „Nomadenglauben" bezeichnen.

Sooft ich in der Bibel oder in anderen Texten auf den Zusammenhang von Wanderung und Wandlung stoße, denke ich etwas wehmütig an unsere therapeutische Arbeit. Sigmund Freud hatte für die Therapie strenge Verfahrensregeln aufgestellt. Zur Ausstattung des Sprechzimmers gehörte vor allem die berühmte Couch, auf der der Patient liegt (!), während der Arzt mit abgewandtem Gesicht an der Stirnseite sitzt, um den Einfällen und Assoziationen seines Klienten zu lauschen.

Gott sei Dank halten sich heute nur noch wenige Therapeuten an diese Regel, die den ratsuchenden Menschen so eigenartig unbeweglich macht. Aber auch in den moderneren Verfahren findet Therapie eigentlich immer nur in geschlossenen Räumen statt, im Zweiergespräch zwischen Therapeut und Patient oder in der fachkundig geführten Selbsterfahrungsgruppe. Doch bei aller Wertschätzung dieser Arbeit (die ich ja selbst so tue), denke ich so manches Mal (vor allem bei den Patienten, die bereits unglaublich lange zu solchen Sitzungen gehen und vielleicht auch schon mehrere Therapeuten „verschlissen" haben), wie gut es wäre, könnte man sie herauslocken aus der Dunkelheit und Seßhaftigkeit ihrer therapeutischen Sitzungen und einfach auf einen Weg bringen, der sie in ganz anderer Weise fordert und ihnen die Chance eröffnet, daß sie sich unter den veränderten Lebensbedingungen der Reise völlig neu erfahren.

DIE SCHÖNSTE ART DES REISENS

Es war wohl im Jahre 1944. Ein junges Mädchen namens Edith war zu einer Art Haushaltspraktikum in unserer Familie. Für die Berufsschule hatte sie einen Aufsatz zu schreiben über das damals ja sehr zeitgemäße Thema: Wie gestalte ich meinen Urlaub? Edith schrieb in ihrem Aufsatz, der sicher das Wohlgefallen des Lehrers fand, sie würde zunächst etwas für ihre Gesundheit tun, also einen Erholungsurlaub nehmen. In der restlichen Urlaubszeit aber würde sie gerne eine Bildungsreise machen. Die schönste Art zu reisen ist Edith freilich nicht in den Sinn gekommen, und ich will es ihr auch gar nicht verübeln, denn die schönste Art zu reisen ist und bleibt die Wallfahrt.

Was ist eine Wallfahrt? Eine Reise, die mich an einen heiligen Ort führt. Und was ist unter einem heiligen Ort zu verstehen? Man mag an ein Kloster denken, an den Sitz einer geistlichen Gemeinschaft, einer Schwesternschaft oder Bruderschaft, an eine Kirche oder Kapelle. Ein heiliger Ort ist da, wo es mir leichter fällt, an Gott zu glauben.

Nun wird es allerdings manchen Leser befremden, wenn ein evangelischer Theologe den Wert der Wallfahrt rühmt. Während die Wallfahrtspraxis in der katholischen Kirche eine lange Tradition hat, auch viele Theologen sich zu Fragen der theologischen Begründung geäußert haben, hat meines Wissens bis heute kein einziger protestantischer Theologe zu dieser Gestalt von Frömmigkeit etwas Freundliches gesagt oder geschrieben. Im Gegenteil. Martin Luther beispielsweise schreibt in Auseinandersetzung mit der Gelübdepraxis seiner Zeit: „Hat aber jemand ein Gelübde getan, zu Sankt Jakob zu reisen oder an andere Orte, der laß es hinfahren. Es ist ein Gelübde wider deine Seligkeit, denn Gott hat kein Gefallen an den Narrenwerken noch an solchen Gelübden" (WA 17 II Seite 465). Ähnlich kompromißlos formuliert der Schweizer Reformator Huldreich Zwingli, der die damaligen Wallfahrten als „antichristlich" bezeichnet, und kaum weniger streng spricht auch Calvin von „offenkundiger Gottlosigkeit" (Institutio IV 13,7).

Läßt sich christliche Wallfahrt vom Standpunkt evangelischer Theologie her rechtfertigen? Wer bei einem solchen Versuch dem Ansatz reformatorischer Theologie treu bleiben möchte, wird zuerst nach dem Wort der Bibel fragen. Dabei wird er bald feststellen: Die *praxis pietatis,* die Frömmigkeit der Menschen in biblischer Zeit, ist in einem erstaunlichen Maße Wallfahrtsfrömmigkeit! Das gilt zunächst einmal für Israel, wie es uns im Wort des Alten Testaments begegnet. Die Tora bestimmt, daß alle männlichen Glieder des Volkes Gottes dreimal jährlich, zu den großen Festen, zum Heiligtum kommen sollen, um dort vor dem Gott Israels zu erscheinen (2Mo 23,17). Die großen Feste Israels, Passa-Mazzot, das Wochenfest und Laubhütten, sind von Hause aus Wallfahrtsfeste.

Niemand sollte meinen, Israel habe diese Bestimmung des „Gesetzes" als schwere Last empfunden und unter solcher Bürde geseufzt. Die Wallfahrtsfeste waren wirklich Volksfeste. Der Aufruf, die Reise zum Heiligtum anzutreten, wurde mit Jubel begrüßt: „Ich freute mich über die, die zu mir sagten: Lasset uns ziehen zum Haus des Herrn!" (Ps 122,1). Die Erinnerung an solche Reisen ist voller Lust: „...wie ich einherzog in großer Schar, mit ihnen zu wallen zum Hause Gottes mit Frohlocken und Danken in der Schar derer, die da feiern" (Ps 42,5). Über die Mühsal des Reisens, zumal für die Bewohner Galiläas, die immerhin drei bis vier Tage für den Weg nach Jerusalem benötigten, verlieren die biblischen Berichte kein Wort. Der Psalm preist die Wallfahrer selig: „Wohl den Menschen, die dich für ihre Stärke halten, die sich mit Eifer auf die Wanderschaft begeben" (Ps 84,6). Auch wenn ihr Weg sie durch das dürre Tal von Baka führt, klagen sie nicht, denn diese Wüste wird für sie „zu einer Landschaft der Quellen ... sie werden auf ihrer Wanderschaft immer kräftiger, bis sie Gott in Zion schauen" (Ps 84,7-8).

In dieser Welt ist Jesus aufgewachsen. Die regelmäßige Wallfahrt nach Jerusalem war für ihn von Kindesbeinen an selbstverständlich (vgl. Lk 2,41-52), und auch mit seinen Jüngern zieht er zu den großen Festen hinauf nach Jerusalem (Lk 9,51; Joh 7,1ff. u.a.). Gewiß, Jesus hat solche Überlieferung nicht zum Gegenstand seiner Verkündigung gemacht, aber er hat sie, wie vieles andere, respektiert und praktiziert. Auch Paulus hatte keineswegs nur missionsstrategische Gründe, wenn er immer wieder nach Jerusalem zurückkehrte. Ihm lag daran, gerade zu den großen Festen seines Volkes nach Möglichkeit in Jerusalem zu sein (Apg 20,16).

Eine biblisch begründete Theologie kommt also nicht in Verlegenheit, wenn es darum geht, christliche Wallfahrtspraxis auf biblische Ordnungen und Bräuche zurückzuführen. Nun soll eine solche Begründung zwar biblisch, aber nicht biblizistisch sein. Sie muß sich also auch angesichts des zentralen Glaubenssatzes von der Rechtfertigung des Sünders einzig durch Gottes Güte und nicht aufgrund vorweisbarer Leistungen bewähren. Hier wird die Aufgabe deutlich schwieriger.

Wird sich nicht bei einer Wallfahrt leicht der Gedanke regen: Je weiter der Weg, desto größer die Heiligkeit? Je schwerer die Mühsal, desto reicher der Segen? Je öfter die Reise, desto kräftiger die Wirkung? Und: Um so mehr Ansehen im Vergleich zu denen, die sich weniger quälen und selten oder nie zur Wallfahrt aufbrechen! Ohne Frage – solche Gedanken liegen erschreckend nahe. Aber sie melden sich auch beim Bibellesen und beim Beten, ja, bei jeder nur denkbaren christlichen Übung. Es wird also alles darauf ankommen, *wie* wir reisen: Als solche, die Gott und Menschen imponieren wollen, oder als Bettler, als Suchende, als Hungernde und Dürstende, als Kranke, als Mühselige und Beladene, die den Ort suchen, wo ihnen Hilfe zuteil wird. Ein rechter Wallfahrer ist jemand, der sich nicht selbst helfen kann und der sich nicht schämt, diese seine Hilflosigkeit einzugestehen. Biblische Wallfahrt lebt nicht vom Stolz der Leistungsstarken, die ihr Leben auf Leistung gründen, sondern von der Demut der Hilflosen, die nicht aus noch ein wissen.

Aber ist es rechtens, daß wir mit unseren Wallfahrten immer nach einem Ort fragen, der uns Linderung unserer Leiden verspricht? Nicht einen Ort, sondern eine Person gilt es zu suchen, wird rechtgläubige Theologie sagen; der Gott, an den wir glauben, ist doch nicht ortsgebunden! Im Gegenteil, er füllt alles, durchdringt alles, ist überall gegenwärtig! Gewiß, so ist es richtig und so soll es bleiben. Aber unser Leib und unsere Seele erleben es anders. Unsere Welt ist nicht gleichförmig. Es gibt Orte, an denen die heilenden Kräfte, die von Gottes Gegenwart ausgehen, eigenartig konzentriert sind, sozusagen Kurorte unserer Seele, Plätze, wo uns leichter und wohler ums Herz wird.

Und während die Theologie noch zögert diese Bedeutung heiliger Orte und ihrer heilenden Kräfte anzuerkennen, ist auch die evangelische Christenheit längst zu solchen Zielen aufgebrochen. Gewiß, der Ausdruck „Wallfahrt" ist immer noch weithin verpönt, aber die Züge der Pilger sind unterwegs. Wir finden sie in Taizé oder Iona, auf dem Athos oder im Heiligen Land, auf

Kirchentagen und bei Glaubenstreffen, und sogar auf dem Weg nach San Diego di Compostela. Sie haben die Erfahrung gemacht, daß es ihrem Glauben gut tut, für einige Tage in der Stille eines Klosters zu sein, mit den Mönchen oder Nonnen die Liturgie zu feiern, sozusagen „Kloster auf Zeit" zu erleben. Sie haben die Kräfte gespürt, die in der Erfahrung der Glaubensgemeinschaft mit so vielen Brüdern und Schwestern liegen, die aus vielen verschiedenen Orten, Kirchen und Gemeinden zu einem Treffen wie dem Kirchentag zusammengeströmt sind. Sie haben es erlebt, daß sie verändert, verwandelt, gestärkt und erneuert in die Heimat zurückgekehrt sind, anders als sie aufgebrochen waren. Und sie haben vielleicht auch – gut evangelisch – gemerkt: Machbar ist hier gar nichts; keine Methode garantiert den Segen, und die schönsten spirituellen Erfahrungen kommen völlig überraschend und nicht als reife Frucht sorgfältiger Planung oder asketischer Bemühung.

Statistisch gesehen hat die Wallfahrt neben Geschäftsreisen und Dienstreisen, Erholungs- und Bildungsmaßnahmen sicher nur einen ganz winzigen Anteil an den gewaltigen Reiseströmen unserer Zeit. Und doch ist sie für mich die schönste, die wertvollste Art des Reisens, weil sich hier ein Mensch endlich einmal um seine Seele kümmert (die ein höchst leibhaftiges Phänomen ist!), einfach nur von dem Wunsch beseelt, die Seele möge Gutes empfangen, Gutes, das sich weder kaufen noch produzieren läßt, weder organisieren noch planen, das einzig dem Bettler in die demütig ausgestreckte Bettlerhand fällt – allein aus Gnade, unverdientes Geschenk der Güte dessen, der seine Kinder gerne fröhlich sieht.

DIE BESTE ART
DER FORTBEWEGUNG

Die beste Art der Fortbewegung ist das Gehen. Nichts tut uns so gut wie das Gehen, und: „Es würde manches besser gehen, wenn wir mehr gehen würden", wie schon Johann Georg Seume vor fast zweihundert Jahren festgestellt hat. Er hatte ein Recht zu diesem Urteil, denn er unternahm eine Reise, die ihn zu Fuß vom heimischen Dresden nach Syrakus auf Sizilien führte. Der *sprachliche* Zusammenklang von Wandern und Wandel, auf den wir schon hingewiesen haben, hat auch einen *sachlichen* Grund: Nichts geht über das Gehen.

Viele Gründe lassen sich hierfür geltend machen: gesundheitliche, sportliche, psychologische, theologische. Manche sind so selbstverständlich, daß ich sie hier nicht ausführen möchte. Mir persönlich ist bei meiner Vorliebe für das Gehen vor allem eines wichtig: die ungehinderte Kommunikation mit der Landschaft und allem, was in ihr lebt und webt, der Austausch mit Sonne, Mond und Sternen, mit Wolken und Wind, mit Farben und Formen, mit Vögeln und Schmetterlingen, mit Bäumen und Blumen, mit Steinen und Stöcken. Und: es ist so leicht stehenzubleiben, um etwas genauer in Augenschein zu nehmen. Je schneller mein Fahrzeug, desto schwerer wird das Anhalten. Wie oft habe ich bei Auto- oder Zugfahrten (die ich durchaus genießen kann!), wenn ich etwas Schönes sah, darunter gelitten, daß ich es nicht unmittelbar wahrnehmen konnte, daß ich dem Fahrer nicht schon wieder zumuten mochte, bloß meinetwegen anzuhalten! Ich fühlte mich eingesperrt. Der Blick nach oben zum Himmel war mir genommen, und Schmetterlinge, Käfer, Orchideen, Gänseblümchen – alles das gibt es für den Autofahrer nicht, es ist ja viel zu klein.

Und wie gut kommt mein Geist auf Touren, wenn ich besinnlich durch eine ansprechende Landschaft schreite! Ich gehe, und mir kommen die Gedanken, leichte, beschwingte, geflügelte Gedanken; sie schweben oder flattern vor mir her, und ich gehe ihnen nach. Sie bewegen sich, manchmal ruhig und gleichmäßig, ein andermal hüpfend oder springend. Im übrigen kann ich das Gehen über weite Strecken auch ganz einfach genießen. Es ist ja einem Tanz ähnlich, einem sehr leichten Tanz mit denkbar simplen Figuren, mit dem Rhythmus des Aufkommens und Sich-wieder-Lösens, mit dem Gleichmaß des Hebens und Senkens, der Bewegung gegen die Schwerkraft und der Bewegung, die der Schwerkraft folgt. Leicht findet sich dann auch ein Lied, eine Melodie, ein Takt, zu dem ich gehen kann.

Natürlich wird das Gehen mir auch manchmal langweilig. Aber ich halte Langeweile nicht für ein Unglück, das um jeden Preis zu meiden ist. Langeweile schließt so viele schöne, menschliche Möglichkeiten in sich, daß ich mir ein Leben ganz ohne Langeweile nur als stupid, als unschöpferisch und zerstörerisch vorstellen kann.

Nun habe ich im vorigen Kapitel die Wallfahrt für die schönste Art des Reisens erklärt und singe jetzt das Lob des Gehens. Wie soll das zusammenpassen? Ein Besuch in Taizé, eine Reise zum Kirchentag oder zum Christival, wie soll das ohne Eisenbahn oder Auto vonstatten gehen? Natürlich wird eine Fußwanderung nach Taizé die absolute Ausnahme sein. Schon eine Fahrt mit dem Rad wird bei so entfernten Zielen kaum in Frage kommen. Pilgerfahrten finden in der Regel im Bus oder mit dem Zug statt. Ein Seitenblick in die Welt des Islam zeigt uns ein ähnliches Bild: Die meisten Mekkapilger kommen heute mit dem Flugzeug angepilgert. Das ist kaum anders möglich.

Aber ein Vorschlag zur Güte: Und wenn wir bei einer solchen Wallfahrt wenigstens die letzte Etappe zu Fuß zurücklegten? Steigen wir doch einfach zehn oder zwanzig Kilometer vor dem Ziel aus und lassen den Bus leer nach Taizé fahren! Wir aber machen uns auf den Weg durch das schöne burgundische Hügelland, besuchen die kleinen, oft halbverlassenen Dörfer mit ihren alten Kirchen, bis irgendwann am Horizont die Kuppe erscheint, auf der die Communauté ihren Platz hat.

Wer so dem Ziel entgegenwandert, wird erfahren, wie anders ein Mensch, eine Gruppe an ihr Ziel kommt, wenn sie zu Fuß unterwegs ist. Der Weg mag sich vor uns dehnen, ist vielleicht viel länger als wir dachten, aber die Sehnsucht nach dem Ziel wächst. Und wie anders ist das Ankommen, wenn wir uns mit solcher Sehnsucht dem Ziel nähern!

Ich habe mir oft das Vergnügen gemacht, zuzuschauen, wie an einem vielbesuchten Ort die Reisebusse ankommen, wie dann eine Tür aufgeht, die Leute fast buchstäblich herauspurzeln, ihre eingeschlafenen Glieder zu neuem Leben erwecken und dann in Nullkommanichts im Dunkel einer Kirche verschwinden. Eine solche Ankunft geht so schnell vor sich, daß die Touristen nur äußerlich angekommen sind – innerlich noch lange nicht! Langsam ankommen, allmähliche Annäherung, ganz ruhiges Vertrautwerden mit dem Ziel, das vor meinem Augen immer größer wird und immer schärfere Konturen gewinnt – ich brauche Zeit, um mich auf das Ziel einzustellen, und als Fußgänger habe ich sie allemal reichlich.

Es gibt eigentlich nur ein Argument, das gegen das Wandern zu sprechen scheint: es dauert lange, es dauert zu lange. Aber hier ist eine einfache Entscheidung zu treffen: Sehe ich in meinem Reiseweg nur ein Hindernis zwischen mir und meinem Ziel, dann werde ich alles tun, um dieses Hindernis so schnell wie möglich zu überwinden. Wer aber in der Bewegung, und gerade auch im Zu-Fuß-Gehen eine Sinnerfüllung menschlichen Daseins sieht, wer das Reisen als eins der größten Vergnügen einschätzt, das einem Menschen zuteil werden kann, wird die Angebote, die ihm dieses Vergnügen abkürzen wollen, mit Skepsis betrachten.

ERFAHRUNGEN

Das Wort Erfahrungen gehört zu den schönsten Worten unserer deutschen Sprache. Ähnlich wie der Ausdruck be-wandert macht es deutlich, wie der Mensch Einsichten fahrend oder wandernd gewinnt, sie sich also wirklich er-fährt oder er-wandert. Die folgenden kleinen Abschnitte möchten solche Er-fahrungen in Worte fassen und weitergeben.

Am Anfang steht das Ungenügen

Ein Mensch, der bewußt und aufmerksam lebt, spürt von Zeit zu Zeit schmerzlich, daß ihm etwas fehlt. Anfangs mag diese Empfindung sehr unbestimmt sein. Noch weiß ich kaum, was mir eigentlich fehlt. Aber deutlich fühle ich: So geht es jedenfalls nicht weiter.

Vielleicht ist es ein ganz konkreter Zusammenhang, der sich dabei geltend macht: in diesem Stadium, in dieser beruflichen Tätigkeit, in dieser Wohnung, dieser Stadt, in dieser menschlichen Beziehung stimmt etwas nicht. Ich halte es einfach nicht mehr aus. Ist diese Empfindung eine Versuchung? Steht meine Bereitschaft zu Treue und Ausdauer auf der Probe? Oder hat sich in meinen Verhältnissen einfach etwas überlebt?

Es kann sein, daß diese Empfindung so heftig wird, daß sie sich in körperlichen Symptomen niederschlägt: Kopfschmerzen, Müdigkeit, Verdauungsstörungen. Und nachts kann ich nicht richtig schlafen, muß grübeln und komme doch nicht mit meinen Gedanken voran.

Wo du nicht bist, da ist das Glück! Bilder stellen sich ein von einem schöneren, freien Leben, das ich haben könnte, sollte, müßte. Ich höre den Lockruf der Freiheit und fühle mich doch so gebunden. Aber die Bilder erscheinen immer wieder, sie lassen mich nicht los. Irgend etwas muß anders werden, ich muß mich auf den Weg machen.

Aber noch stecke ich voller Bedenken. Es gibt so viele Argumente, die mich festhalten wollen. Das geht doch nicht – so höre ich es in mir klingen. Das kannst du doch nicht machen! Was wird die oder der dazu sagen? Was kann dabei herauskommen? So bin ich zerrissen in dem schrecklichen „Soll ich oder soll ich nicht?", aus dem mich nur eines erlösen kann: der mutige Entschluß zum Aufbruch.

Den Aufbruch feiern

Und nun habe ich mich entschieden. Die Würfel sind gefallen, jetzt hält mich nichts mehr, es gibt kein Zurück. Noch sind vielleicht einige Vorbereitungen zur Reise zu treffen, aber die Entscheidung ist gefallen. Doch vor dem ersten Schritt will der Aufbruch gefeiert sein.

Schon der Aufbruch? Das leuchtet nicht ohne weiteres ein. Am Ende der Reise, wenn ich das Ziel erreicht habe, erst dann ist Grund zum Feiern. Aber die Logik dieser Gedanken verkennt die Eigenart des Festes und die Bedeutung der Entscheidung zum Aufbruch.

Gewiß, es gibt Feste, die das Ankommen feiern oder den Sieg, den Erfolg. Aber es gibt auch Feste des Anfangs, Feste des ersten Schrittes sozusagen. Es mag uns zu denken geben, daß das größte Fest des jüdischen Volkes, das Passafest, ein Fest des Aufbruchs ist, das den Anfang der langen Wüstenwanderung markiert. Schon vor dem ersten Schritt wird gefeiert! In Reisekleidung, mit dem Wanderstab in der Hand, auf gepackten Koffern, wie wir heute sagen würden, so begehen die Kinder Israel ihr Aufbruchsfest (2Mo 12,11). Und ein vergleichbares Fest des Einzugs in das Gelobte Land oder der Eroberung Palästinas gibt es gar nicht! Der Anfang ist etwas Großes und zugleich etwas so Schwieriges, daß hier aller Grund zur festlichen Begehung, zu festlicher Freude, zu festlichem Mahl und zu Gebet und Segen ist.

Wenn du dich ehrlich und ernstlich zum Aufbruch in die Freiheit entschlossen hast, ist das etwas ganz Großes, vielleicht eine richtige Wende in deinem Leben. Der Weg, den du vor dir hast, mag weit, beschwerlich und voller Versuchungen sein. Du brauchst das Wort der Ermutigung. Du brauchst den Reisesegen. Wie anders aber ist ein solches Fest des Aufbruchs, dieses Fest der Befreiung, als all die inhaltslosen Feste unserer Tage, die ja bezeichnenderweise auch gar nicht mehr mit dem kostbaren Wort „Fest", sondern mit der Inflationsmünze „Fete" bezeichnet werden!

Manchmal habe ich als Christ die Juden um das Passa beneidet. Das wunderbare Geschenk der Freiheit will in unserem Bewußtsein lebendig sein und gewinnt gerade in der Festfeier immer neue Lebenskraft. Aber das christliche Osterfest ist ja eigentlich auch ein Passa, ein Fest des Anbruchs einer neuen Zeit, ein Fest auf Vorschuß, eine Feier des Anfangs und nicht der Vollendung. Es ist wie eine Grundsteinlegung; wer den ersten Stein legt, zeigt, daß er zum Neubau entschlossen ist, und das ist Anlaß zu Freude und Dank.

Der erste Schritt – manchmal der schwerste Schritt. Aber das muß nicht unbedingt so sein. Vielleicht empfinden wir ihn auch als leicht und lustvoll. Vielleicht geht es uns sogar wie Eichendorffs „Taugenichts", der zu Beginn seiner Wanderschaft ruft: „Mir war es wie ein ewiger Sonntag im Gemüte." Aber ganz gleich, wie uns zumute ist – wichtig ist nur, daß wir den Schritt wach und bewußt vollziehen. Da ist so viel in unserem Leben, wir tun es und sind gar nicht richtig bei der Sache. Wir fühlen und erleben nichts. Aber der erste Schritt ist es in besonderer Weise wert, daß wir ihn mit Andacht gehen.

Vor allem spüre ich die neue Richtung: hinter mir das Gewohnte, schal Gewordene, Überlebte; vor mir das Neue, das lockende Leben, die Freiheit. Verse von Hermann Hesse kommen mir in den Sinn: „Nur wer bereit zu Aufbruch ist und Reise mag lähmender Gewöhnung sich entraffen." Lähmende Gewöhnung? Wie oft sagen wir: „Der Mensch ist ein Gewohnheitstier" und rechtfertigen mit diesem erschütternden Satz Lähmung und tote Routine, den Verlust jeder schöpferischen Initiative, den traurigen Triumph der Einfallslosigkeit!

Wie beginnt mein Tag? Der Wecker klingelt – widerwillig aufstehen – Duschen – die Kaffeemaschine anstellen – schnell noch etwas essen – prüfen, ob alle Fenster zu, kein Licht mehr brennt, kein Wasserhahn tropft, in der Tasche alles vorhanden? – hinunter zur Garage, zur Bushaltestelle ...! Und wieder einmal haben wir die Stunde des Erwachens verschlafen, sind aufgestanden, aber wie leblos, haben unsere kleinen Pflichten getan, aber ohne Freude. Und unser Arbeitsplatz? Wenn wir einkaufen? Unser Wochenende? Unsere religiösen Übungen: Beten, Bibellesen? Womöglich lauter tote Gewohnheiten, Rituale, Leben nach Fahrplan, bequem und

steril, berechenbar wie der berühmte Mittagsspazier-
gang des Königsberger Philosophen Immanuel Kant,
nach dem die Leute die Uhr stellen konnten.

Wer zwingt uns zu solchen Ritualen? Welche Kräfte
gönnen uns kein lebendiges Leben, sondern nur ein
freudloses Funktionieren? Was lähmt uns?

Aber jetzt! Jetzt liegt das alles hinter mir. Es ist, als
gingen die Uhren plötzlich anders, und wirklich, wer
sich auf den Weg macht, wird es bald erfahren, daß Zeit
und Zeitgefühl anders sind als sonst.

Abstand gewinnen

Ich bin nun unterwegs. Von Zeit zu Zeit schaue ich mich
um: Meine Heimat, das Haus, in dem ich sonst wohne,
bleibt zurück, wird kleiner und kleiner. Ganz allmählich
gewinne ich immer mehr Abstand.

Kleiner werden nun auch manche Probleme, die eben
noch so groß erschienen. Schwierigkeiten verlieren an
Größe und Gewicht. Was vor kurzem noch unlösbar
erschien, stellt sich jetzt ganz anders dar.

Es tut uns gut, wenn sich die Perspektive in dieser
Weise ändert. Wir sind oft viel zu dicht dran an unseren
Aufgaben. Es scheint zwar oft so, als könne man etwas
dann besser sehen, wenn man näher herangeht. Aber es
gibt auch ein Zu-Nahe, und erst der gewonnene Abstand
gibt den Blick auf den Zusammenhang frei und ermög-
licht eine angemessene Betrachtung. Wie anders stellt
sich Deutschland dar, wenn ich es aus der Ferne eines
Landes der „Dritten Welt" betrachte! Wie klein werden
dort manche Themen, die zu Hause unangemessen groß
erschienen!

„Wer will, der trag sich tot!"

Riesige Rucksäcke gibt es heute auf dem Markt. Die Hersteller werben mit dem oft unglaublichen Fassungsvermögen dieser modernen high-tech-Geräte: 50, 60, ja 70 Liter! Was da alles reingeht!

Schrecklich, was da alles reingeht! Eine Erfindung, die es uns erlaubt, uns noch mehr Lasten aufzubürden, ist von zweifelhaftem Wert. Und die mit dem Auto unterwegs sind? Wenn ihr Wagen nicht zu klein ist, haben sie einen reichlich bemessenen Kofferraum, in den man so schön einfach alles reinwerfen kann – ja, und am Zielort hat man wieder alles zur Hand, was einem schon zu Hause das Leben erschwert hat.

Warum belasten wir uns so sehr? Warum ist unser Ethos bestimmt durch das Ideal des sich mit schweren Lasten plagenden Trägers? Und wenn wir in der Bibel bewandert sind, werden wir, einem vielzitierten Paulus-Wort folgend, zusätzlich zu den eigenen Gepäckstücken auch noch die unserer Mitmenschen schleppen. Des Nachts aber werden uns unsere Träume die Wahrheit sagen: Da sehe ich mich auf einem Bahnhof, der Zug läuft ein, ich greife nach meinem Gepäck und will einsteigen, aber zu meiner Rechten und Linken stehen so viele Koffer, Taschen und Täschchen, daß ich nicht mehr weiß, wie ich mit all dem Kram in den Zug kommen soll, und ehe du dich's versehen hast, schließen die Türen, die Frau mit der roten Mütze pfeift, und los geht die Fahrt – aber ohne mich!

Reisen und Wandern ist eigentlich ein Exerzitium, eine Übung im Loslassen. Vor dem Aufbruch steht die heilsame Frage: Was brauche ich wirklich? Aber schnell verschiebt sich die Fragestellung und schon denke ich darüber nach, was ich vielleicht gebrauchen kann, und wenn ich erst einmal so frage, werden Rucksack und Koffer bald zu klein sein.

Gerne denke ich an jenen Bruder aus Taizé, der uns bei einem Besuch erklärte, was für ihn mönchische Armut bedeute: „Ich muß von Zeit zu Zeit für unsere Gemeinschaft mit dem Flugzeug reisen. Zwanzig Kilo sind erlaubt, eine heilsame Beschränkung!" Ja, eine heilsame Beschränkung, aber die meisten meiner Freunde sind stolz, wenn sie – vielleicht mit List und Tücke – 30, 40 und noch mehr Kilo durch die Kontrollen bekommen haben, und das sogar ohne Aufpreis!

„Wer will, der trag sich tot!" – so ruft uns Gerhard Tersteegen in seinem „Ermunterungslied für Pilger" zu. Es ist an der Zeit, daß wir uns erleichtern. Der Zugvogel lädt sich nicht sein Nest auf den Rücken, ehe er zum Flug in den wärmeren Süden startet.

Unser Stolz auf die Lasten, die wir schleppen, ist nur die äußere Entsprechung zu unserer inneren Haltung. Wir lieben es, wenn uns das Leben schwer gemacht wird, und wenn uns das, was andere uns aufbürden, nicht reicht, legen wir selber noch Hand an und suchen uns zusätzliches Gepäck. So tragen wir dann die Last unserer Vergangenheit und die Last unserer Zukunftssorgen, wir schleppen unsere Pflichten und halten unsere Ideale hoch, wir tragen schwer an unserer Verantwortung und sehen kaum noch, wieviel davon nichts anderes ist als Selbstanmaßung.

Wenn wir gläubige Menschen sind, wird es uns wundern, wenn wir lesen, daß Jesus im Blick auf seine Forderungen von einer leichten Last spricht (Mt 11, 30). Die schweren Lasten aber sind nach Jesu Urteil Kennzeichen der falschen, leistungsorientierten Religion, wie er sie bei den Pharisäern und Tora-Lehrern seiner Zeit fand (Mt 23, 4). Wie soll sich etwas bei uns und in uns wandeln, wenn wir soviel Altes mit uns herumschleppen?

Nicht schwerer soll dein Leben werden, sondern leichter, und Ablegen, zu Hause Lassen ist die Kunst, die gelernt sein will.

Versuchungen

Die Reise hat so schön begonnen. Du hast dem Land der „lähmenden Gewöhnung", dem Leben unter Zwang und Hoffnungslosigkeit, den Rücken gekehrt. Das Fest des Aufbruches ist gefeiert. Die ersten Schritte in Richtung Freiheit sind getan. Das Bild des „Gelobten Landes" lockt.

Aber eines schrecklichen Tages sieht plötzlich alles anders aus. Die schönen Bilder vom besseren, menschenwürdigeren Leben verblassen. Die Leichtigkeit der ersten Schritte ist dahin. Die Lieder verstummen, die Gespräche sterben. Du schaust dich ängstlich um und merkst: ringsum nichts als Wüste!

Vielleicht ist dir vor dem Aufbruch gesagt worden, daß die Wüste auf dich wartet. Vielleicht war am Anfang der Therapie (eine solche ist ja nichts anderes als ein Weg in die Freiheit!) von Durststrecken die Rede, die unweigerlich kommen werden. Aber von der Wüste hören ist eines, die Wüste erleben etwas anderes.

In der Wüste schlägt die große Stunde der defätistischen Stimmen. Jetzt kommen die zu Worte, die alles schlechtreden können. Sie, die es von Anfang an gewußt haben, daß das alles ja doch „nichts bringt", haben nun gut reden. Und diejenigen, die Meister sind im Verklären von Vergangenheit, finden geneigte Zuhörer: Ägypten! Damals! Früher! Fleischtöpfe! Geregeltes Leben, klare Verhältnisse, keine Risiken, nicht der Wahnsinn dieser

Wüstenwanderung! Gewiß, ein bißchen Zwang und Fron, viel Arbeit, gewiß, aber man hatte doch sein Auskommen und wußte, woran man war!

Enttäuschung und Zorn werden sich vor allem gegen diejenigen richten, die zum Abenteuer dieser vermaledeiten Wanderung eingeladen haben. „Da murrte das Volk wider Mose und Aaron", so lesen wir in den biblischen Erzählungen. „Die Therapeutin taugt nichts. Die wird ja selbst mit dem Leben nicht fertig!", so sagen die vom Verlauf der therapeutischen Reise Frustrierten.

„No easy walk to freedom" lautet der Titel eines Buches von Nelson Mandela aus der Zeit, da der heutige Staatspräsident Südafrikas noch auf Robben Island inhaftiert war. Ja, der Weg in die Freiheit ist kein Kinderspiel. Wer aber ehrlich ist, macht irgendwann eine erschütternde Entdeckung: Der ärgste Feind meiner Freiheit sind nicht die anderen, sind nicht meine Vorgesetzten, diese Zwingherren und Ausbeuter, sondern ich selbst mit meiner elenden Bequemlichkeit und meinem schrecklichen Sicherungsbedürfnis.

Am schlimmsten aber ist es, wenn es mir geht wie den Israeliten am Schilfmeer. Vor ihnen dehnt sich das Meer, und hinter ihnen sind plötzlich die Ägypter! Dabei hatten wir doch gemeint, diesen Feinden unserer Freiheit endgültig entronnen zu sein! Und nun sind sie wieder da, alles wie gehabt! Es scheint, wir sind nicht einen Schritt vorangekommen. Die alten Probleme haben uns wieder. Und vorne geht es auch nicht weiter, denn da ist das Meer, und jedes Kind weiß, daß Wasser keine Balken hat. Was bleibt anderes übrig als die schmachvolle Rückkehr in die eigene Vergangenheit? Diejenigen, die zur Aufgabe des Unternehmens „Freiheit" raten, haben die Argumente, die, die weiterwollen, haben nichts.

Manchmal geht es uns so in unserem Leben. Wir fühlen uns hoffnungslos eingeklemmt. Im Rücken unsere Verfolger und vor uns das Meer. Aber es gibt ein wunderbares Lied mit einer überaus starken Eingangszeile: „Sog nit kejnmol, as du gejst dem letztn Weg", das Lied der jüdischen Partisanen in der Zeit des Zweiten Weltkriegs, geschrieben von Hirsch Glik, als ihn die Nachricht vom Aufstand im Warschauer Ghetto erreichte. „Sage nie, du gehst den letzten Weg!" Es liegt etwas Verzweifeltes in diesen Worten, ein verzweifelter Glaube, dem die Stütze einsichtiger Argumente zerbrochen ist, und der dennoch dem einmal eingeschlagenen Weg treu bleibt. Daß es aber sogar einen Weg durch das Meer gibt, daß es auch da weitergeht, wo doch eigentlich nichts mehr geht, erfahren nicht diejenigen, die den Parolen der Defätisten lauschen, sondern die in verzweifeltem Trotz ihren Weg fortsetzen.

Denken kann ich vieles, tun immer nur eines

Ratlos brütet der Wanderer über seiner Landkarte. Wie geht es weiter? Bin ich noch auf dem richtigen Weg? Wieder und wieder vergleicht er das Bild der Karte mit der Landschaft vor seinen Augen, sucht Anhaltspunkte, wählt einen Weg und verwirft ihn wieder.

So sitzen wir oft lange über einem Problem, grübeln und rätseln, spielen in unseren Gedanken immer wieder dieselben Möglichkeiten durch, erwägen das Für und Wider, und können uns doch nicht entscheiden. Mit Schrecken stellen wir fest, daß es zu jedem Argument ein Gegenargument gibt. Nichts ist sicher, nichts ist fest. Ja, denken kann ich viele Möglichkeiten, aber meine Füße kann ich nur in eine Richtung setzen.

Endlos währt bei manchen Menschen das zwanghafte Durchspielen der vor Augen liegenden Möglichkeiten.

Es wird eine unendliche Geschichte werden, solange ich unter dem Zwang stehe, daß ich den Schritt erst dann tun kann, wenn jeder Fehler ausgeschlossen ist. Aber es ist schon vertrackt: Auf jedem nur denkbaren Weg lauert das Risiko. Immer ist da etwas, das unter keinen Umständen schief gehen darf!

Warum darf eigentlich nichts schief gehen? Wer stellt solche unmenschlichen Forderungen? Welche Instanz verlangt von mir, daß mein Leben fehlerlos – perfekt zu sein hat? Dieses „Es darf nichts schief gehen!" hat eine unglaubliche Macht. Dabei hätte ich in der Zeit, in der ich mich unter dem Diktat dieses grausigen Diktators schier zu Tode grübele, längst probieren können, welcher Weg wohl der beste ist, und wenn ich ihn nicht auf Anhieb herausfinde, dann vielleicht im zweiten oder dritten Versuch. Aber einen Weg werde ich wagen müssen, denn denken kann ich viele Möglichkeiten, realisieren immer nur eine zur gleichen Zeit.

Lob der Einsamkeit

Ich habe so manche Wanderung in Gemeinschaft unternommen. Ich habe aber auch so manchen Kilometer ganz alleine zurückgelegt und den besonderen Reiz des einsamen Wanderns erfahren. Wochenlang war ich alleine im menschenleeren Norden Norwegens, in Norwegisch Lappland, zwischen Karasjok und Tromsö, unterwegs. Alleine durchwanderte ich die Schweiz vom Bodensee über den Alpenkamm bis nach Mailand.

Für solche Unternehmungen einen geeigneten, willigen Partner zu finden, ist gar nicht so einfach. Ich bin bereit zum Aufbruch, doch die, die ich gerne als Gefährten bei mir haben möchte, sagen einer und eine nach der anderen ab. Mit guten Gründen natürlich, mit dem obligatorischen „leider", wie es sich für höfliche Menschen schickt, aber sie lassen mich alleine gehen. Sie sagen vielleicht: „Wir lassen dich gerne ...", „Wir haben gar nichts dagegen ..." und: „Wenn du das brauchst ...", aber mit diesen unverbindlichen Floskeln wenden sie sich Wichtigerem zu. Und so mache ich mich eben alleine auf den Weg und gewinne eine erste Erfahrung: Ich verliere den Schutz des „wir" beziehungsweise „man". Denn „man" ist offenbar zu solchem Abenteuer und zu derartigen Strapazen nicht bereit.

Diese Erfahrung kann erschreckend sein. Je mehr ich mich sonst sicher und geborgen gefühlt habe, wenn ich mich mit meiner persönlichen Auffassung in den Standards der Menge, der Mehrheit, verstecken konnte, desto mehr wird mir der Verlust dieses Panzers eine Gänsehaut einjagen. Aber dies Erschrecken kann auch ganz schnell umschlagen in einen wilden Stolz: Plötzlich stehe ich mit meinem Tun der Allgemeinheit gegenüber und sage: Ich aber! Und wenn sie alle ..., ich dagegen! Vielleicht beginnt jetzt wirklich das Spiel „Einer gegen alle", und ich spüre Kräfte, die ich früher nicht kannte. Ich entdecke meine eigene Handschrift, beginne, sie schön zu finden, und brauche nicht mehr nach den fremden Vorbildern und Normen zu schielen. Ich spüre, wie schön das ist, wenn meine Augen frei sind, so daß ich nicht ständig zur Seite schauen muß, um mich zu vergewissern, daß ich nicht aus der Reihe tanze.

Sagte ich früher: „Ich gehe meiner Wege", so stelle ich nun fest, daß dies oft gar nicht meine Wege waren, sondern Routen, die andere mir vorschrieben: Vater, Mutter, Lehrer, Leiter, Pfarrer, Chefs und eben vor allem dies nahezu allmächtige „Man" der allgemeingültigen, vernünftigen Verhaltensweisen. Genügte früher ein „So etwas tut man nicht!", um meinen Impuls zu ersticken, so lerne ich, diesem Anspruch mein „Ich bin nicht man, sondern mein Name ist ..." entgegenzuhalten.

Natürlich hat solch einsames Wandern auch seine Gefahren. Aber das gemeinsame Wandern auch. Und ein Recht zu einsamen Wegen sollte eigentlich im Grundgesetz stehen. Es ist ein Menschenrecht. Eine wichtige Voraussetzung muß auf einsamer Wanderschaft allerdings gegeben sein: Wenn ich mit mir selbst nichts anfangen kann und wenn das, was ich unterwegs sehe und erlebe, stumm bleibt, dann wird die Einsamkeit schwer zu ertragen sein. Und wer sich selbst nicht leiden mag, dem wird es schwer fallen, ausgerechnet mit diesem ungeliebten Genossen, der ich selbst bin und der wie ein Schatten an mir haftet, unterwegs zu sein. Wenn ich mein eigener Feind bin, ist Versöhnung angesagt, wenn anders die einsame Fahrt gelingen soll.

Gefährten finden

Losgehen und erfahren, wieviele gute Freunde nicht mitkommen wollen, ist schmerzlich. Ein Gefühl von Verlust und Armut regt sich. Aber das wird nicht lange so bleiben. Unterwegs begegnet mir so mancher Gefährte, wir gehen ein Stück Wegs miteinander, und abends in der Herberge erzählen wir uns unsere Geschichte. Und kommen aus dem Staunen nicht heraus, denn was mir da ein anderer Mensch berichtet, der eben noch ein namenloser Fremder war, das klingt in meinen Ohren so merkwürdig vertraut, daß ich ein ums andere Mal sagen muß: Genauso war es auch bei mir! Genauso? Natürlich nicht ganz genauso, nicht jede Einzelheit muß mit meinem Erleben übereinstimmen, aber da sind so viele Parallelen wie das „So-geht-es-nicht-weiter-Gefühl", der Schwung des Aufbruchs, die Erfahrung, von guten Bekannten nicht verstanden zu werden, die Entbehrungen, die Zweifel und die Versuchungen. Wir verstehen uns, und zwischen uns wächst Freundschaft und Vertrautheit. Aber nicht eine neue Partei entsteht auf diese Weise, kein ideologisch begründeter Verein, kein Rückfall in die Zwänge des „Wir" und „Man", sondern Gemeinschaft, die Individualität und Originalität aufs höchste achtet. Weggemeinschaft in Freiheit, so läßt sich das neue Verhältnis beschreiben, und nun weiß ich: Ich werde auch in Zukunft manche Wegstrecke einsam für mich gehen, wann immer mir dies geraten scheint, aber vereinsamen muß ich nie.

Umwege

In einem Bibelatlas fand ich eine eindrucksvolle Karte. Da hatten sorgfältige Bibelausleger den Weg, den die Israeliten auf ihrer Wüstenwanderung von Ägypten ins Gelobte Land zurückgelegt hatten, mit allen in den biblischen Erzählungen erwähnten Stationen nachgezeichnet. Was für „Umwege" traten da zutage! Die Linien ließen eigentlich gar kein richtiges Vorwärtskommen erkennen, und der Betrachter mochte sich wundern, daß die Israeliten nach so vielen Umwegen schließlich doch noch in Kanaan angekommen sind.

Umwege haben keinen guten Ruf. Wie oft habe ich meinen guten Ruf als Wanderführer aufs Spiel gesetzt, indem ich meiner Gruppe offenkundige Umwege zumutete, manchmal aus Unachtsamkeit, meistens aber mit Bedacht.

Umwege widersprechen einem einfachen, höchst plausiblen Ideal: Die kürzeste Verbindung zum Ziel ist die Gerade, und von dieser Ideallinie weicht ein vernünftiger Mensch nicht ohne Not ab. Vor allem da, wo der Weg mühevoll ist, scheint jede Abkürzung „Evangelium" und jeder Umweg eine Qual.

Anders ist es allerdings, wenn die Frage nicht der kürzesten Verbindung gilt, sondern dem schönsten Weg, dem Weg, auf dem es am meisten zu sehen und zu erleben gibt. Anders ist es auch, wenn man nicht zu früh am Ziel sein möchte. Zugegeben: Das ist kein populärer Gedanke. Aber nicht nur den, der zu spät kommt, bestraft die Geschichte, wie Gorbatschow so treffend festgestellt hat, sondern ebenso geht es dem, der zu früh kommt. Ich denke an so manchen Menschen, dem in jungen Jahren die Möglichkeit gegeben wurde, eine Klasse zu überspringen. Für ein hochbegabtes Kind scheint diese Möglichkeit sehr verlockend. Das Ziel wird schnell erreicht! Ja, aber welches Ziel? Geht es nur um den Erwerb von Wissen, so kann mancher den Stoff auch schneller schaffen, als es die Lehrpläne vorsehen. Man muß dazu nicht einmal hochbegabt sein. Schon mit Konzentration und Fleiß ist hier viel zu machen. Was aber, wenn das Wissen da ist, die Reife aber fehlt? Ich kenne Menschen, die eine Klasse übersprungen haben und später darunter litten, immer der oder die Jüngste zu sein, und mühselig nach Möglichkeiten zum Nachreifen suchten. Es lohnt sich, der wachsenden Bedeutung, die die Vorsilbe Früh- in unserer Gegenwartssprache hat, kritisch nachzugehen. So manches Früh- ist ein „Zu-Früh" und wird später teuer bezahlt. Kein Fluß kommt auf dem kürzesten Weg ans Meer, keine Wunde heilt gut und dauerhaft, wenn es ganz schnell gehen muß, keine Einsicht wächst in Rekordzeit und keine Musik gehorcht dem Ideal von Schnellgang und Zeitraffer.

Irrwege

Auch über Irrwege läßt sich manches Gute sagen, aber nicht zu schnell sollte dies geschehen. Sonst würde verdunkelt werden, daß es schreckliche Verirrungen gibt, Abwege, die höchst gefährlich sind, nicht wieder gut zu machenden Schaden anrichten und nicht selten tödlich enden. Denken wir nur an all das Schreckliche, was ein Mensch, der sich versteigt, in seiner Verstiegenheit auslösen kann! Wir wollen also auf keinen Fall schönreden, was objektiv schlimm und subjektiv schwer zu verkraften ist.

Interessante Charakterstudien lassen sich anstellen, wenn ein Mensch sich offenkundig auf einem Irrweg befindet. Da sind diejenigen, die es einfach nicht wahrhaben wollen, daß sie sich verlaufen haben. Sie leugnen die Zeichen der Fehlentwicklung, und wenn sie noch so offenkundig sind. Stur und unbelehrbar setzen sie ihren Weg fort. Ganz schlimm ist solch ein Verhalten, wenn jemand, der sich zum Führer anderer aufgeschwungen hat, sein Versagen nicht zugeben will.

Dann gibt es diejenigen, die es von Anfang an gewußt haben, daß der eingeschlagene Weg falsch ist. Aber, liebe Leute, wenn ihr es schon immer gewußt habt – warum habt ihr es nicht laut gesagt? Warum seid ihr trotzdem dem falschen Führer auf dem Irrweg nachgelaufen? Was für ein trauriger Triumph, eine Erkenntnis schon ganz früh gewonnen zu haben, doch ohne von ihr Gebrauch zu machen!

Und schließlich sind da die wenigen, die „seltsamen Vögel", wie Luther gesagt haben würde, die im richtigen Augenblick einsehen und eingestehen, daß sie sich schlichtweg geirrt haben. Mit solchen Menschen ist gut leben und gut gehen!

Irren ist menschlich, sagte schon eine lateinische

Spruchweisheit. Sich verirren auch. Aber an einem offensichtlichen Irrtum festhalten, ist unmenschlich. Im Eingeständnis liegt eine wunderbare Möglichkeit: Irren macht auch menschlich, vorausgesetzt, der Irrtum wird nicht heuchlerisch geleugnet. Die ehrliche Einsicht: Ich habe mich geirrt – ich bin auf einem Irrweg – ich habe andere auf einen verkehrten Weg geführt, habe sie verführt, dieses Eingeständnis macht barmherzig. Mir liegt nicht viel an Weggefährten, die sich niemals geirrt haben und diese stolze Behauptung vielleicht sogar glaubwürdig machen können. Die ewig Erfolgreichen sind meistens unangenehme Zeitgenossen; die Selbstbewußten, die nie auf etwas reingefallen sind, haben einen fatalen Hang zu harten, unbarmherzigen Urteilen. Aus gutem Grund hielt sich Jesus lieber in der Gemeinschaft der Gestrauchelten und Verirrten auf, als bei denen, die alles richtig machten!

Führer

Im politischen Bereich ist das Wort „Führer" obsolet geworden. Er, der sich als „Der Führer" bezeichnete, hat es – hoffentlich für alle Zeiten – als politische Vokabel ruiniert.

Wo Menschen unterwegs sind, zumal in schwierigem, gefährlichen Gelände, hat das Wort jedoch einen positiven Klang: Bergführer, Wattführer, Menschen, die einen heil durch die Wüste führen können. Und allgemein gilt: Menschen, die sich in gefährlichen Gegenden gut auskennen, sind ein kostbarer Schatz. Ihre Erfahrungen sind von hohem Wert. Es tut gut, wenn ich jemanden weiß, den ich um Rat fragen kann. Es ist gut, wenn ich für das schwierige Wegstück kundige Begleiter habe.

Doch kritische Achtsamkeit ist geboten. Wehe mir, wenn ich mich einem Führer anvertraue, der eigentlich nicht den Weg zeigt, sondern sich selbst! Ein guter Führer ist ein Diener des Weges und nicht ein Herrscher der Geführten. Und: Wehe mir, wenn ich einem Führer aufsitze, der mir die Entdeckerfreude nimmt! Weiter: Weh mir, wenn der Mensch, dem ich mich anvertraue, nicht gelernt hat, zwischen Müssen und Können zu unterscheiden, so daß bei ihm aus einer Möglichkeit immer gleich eine unabdingbare Notwendigkeit wird. Ich möchte wissen, wo ich gehen kann, und werde statt dessen darüber belehrt, wo und wie ich gehen muß. Am schlimmsten aber ist es, zumal im geistlichen Leben, wenn ich das Opfer eines Scharlatans werde, ein Mensch von der Sorte, die Jesus als „blinde Blindenführer" bezeichnet (Mt 15, 14), die ein Wissen, eine Kompetenz vorgeben, die sie in Wirklichkeit gar nicht haben. Sich führen lassen ist Vertrauenssache, aber nicht eine Sache des blinden Vertrauens, sondern kritischer Wachsamkeit.

„Von Gott geführt ..."

Fromme Menschen sprechen gerne von den Führungen Gottes in ihrem Leben. Sich von Gott geführt wissen, gibt Sicherheit und Klarheit auf dem Weg. Die Kinder Israel in der Wüste folgten den göttlichen Zeichen der Wolken- und Feuersäule, die ihnen den Weg wiesen (2Mo 13,21-22).

Aber der Umgang mit den göttlichen Wegzeichen will gelernt sein. Nicht wenige Christen praktizieren einen Umgang mit den Zeichen göttlicher Führung, der eher abergläubisch als gläubig zu nennen ist. Was ist für solchen Aberglauben im christlichen Gewand charakteristisch? Wer abergläubisch nach den Zeichen Gottes Ausschau hält, flieht vor der Verantwortung, die ein Mensch nun einmal für den eigenen Lebensweg hat. Er scheut die Qual der eigenen, fehlsamen Entscheidung, will kein Risiko eingehen, kennt keine Experimente und bezeichnet dieses – menschlich ja durchaus verständliche – Bedürfnis nach Sicherheit als Glaube. Ein Weg, den ich aufgrund göttlicher Zeichen antrete, kann ja wohl nicht falsch sein! Zeichen, von Gott geschenkte Wegmarkierungen, wollen uns ermutigen. Sie sollen uns unseres Weges gewiß machen. Aber unumstößliche Sicherheit können und sollen sie uns nicht geben. Vergessen wir nicht: Der Teufel, dieser Erzbetrüger, kann uns haufenweise Bibelworte servieren, damit wir uns in unserem Irrtum nur ja bestätigt und sicher fühlen. Er malt, wenn es sein muß, an jeden zweiten Baum ein Kreuz, so daß wir uns auf dem Weg des Kreuzes wähnen. Wir müssen mit der Zweideutigkeit der Zeichen leben, auch wenn es uns oft schwerfällt.

Was aber ist für uns die Wolken- und die Feuersäule Gottes? Es mag ein Bibelwort sein, es kann ein Mensch sein, der uns begegnet, oder ein „Zufall", in dem ich göttliche Fügung erkenne. Ich habe solche „Zeichen" oft als hilfreich erfahren und kann mich an ihnen von Herzen freuen.

In der Regel sieht jedoch meine Art der Vergewisserung etwas anders aus. Ich denke an eine Pflanze: Wenn sie auf verkehrtem Weg ist (obwohl Pflanzen ja eigentlich nicht laufen können, mag der Vergleich erlaubt sein), wenn sie falsch behandelt wird, werden sich nach einiger Zeit die Folgen zeigen: sie blüht nicht, die Blätter werden gelb, vielleicht beginnt sie irgendwo zu faulen oder zu vertrocknen. Sichere Kriterien gewinne ich allerdings auch auf diese Weise nicht, denn sogar bestimmte kräftige Triebe können ein Krankheitszeichen sein, eine riesige Blüte ein Symptom von Überzüchtung, und die frühe Reife, die so mancher als Erfolg feiert, wird später teuer bezahlt.

Du wirst, was du siehst

Über all den Problemen der Wegfindung wollen wir nicht vergessen: unser Weg ist – hoffentlich! – schön. Mühselig und schön. Manchmal mühselig und immer wieder schön.

Wir kommen voran, aber das ist nur ein ganz bescheidener Aspekt. Als wir unser Haus verließen, sind wir, wie unsere Sprache so schön sagen kann, „ins Freie" gegangen. Und nun gehen wir, hoffentlich, mit wachen Sinnen durch die Welt, achtsam und aufnahmebereit. Immer wieder kommt mir dabei Hermann Hesses Reiselied in den Sinn. Hier lautet die zweite Strophe:

> Nach der Ebene nehm ich meinen Lauf,
> Sonne soll mich beugen, Meer mich kühlen;
> Unserer Erde Leben mitzufühlen
> Tu ich alle Sinne festlich auf.

So soll es sein: „Tu ich alle Sinne festlich auf." Ich komme mir vor wie jemand, der ein dunkles Haus betritt und dann erst einmal die Fensterläden aufstößt, um Luft und Licht einzulassen. „Alle meine Sinne" – vor allem die Augen, aber ebenso die Ohren, das Schmecken und Riechen und den oft so schändlich vernachlässigten Spürsinn.

Während ich mich so dem öffne, was vor mir, hinter mir und zu meinen Seiten ist: der Weite, dem Licht, den

Formen, den Farben, den Stimmen, den Gerüchen, dem Großen und dem Unscheinbaren, dem Vertrauten und dem Unbekannten, dem Angenehmen und dem Abstoßenden, begibt sich unmerklich das Wunder einer Wandlung. Denn was ich wahrnehme, was ich mit wachen Sinnen aufnehme, geht ganz heimlich und leise in mich ein, wie Nahrung oder wie ein Getränk, das ich zu mir nehme. Es wird ein Stück von mir und läßt meine Seele erstarken. Die Weite macht mich weit, das Licht macht mich hell, das Harte gibt mir Festigkeit, die Farben machen mich bunt, die Stimmen wecken meine Stimme.

Ganz fein sind die meisten dieser Reize und ganz sanft vollziehen sich die Veränderungen in meinem Inneren, so leise, daß es kaum zu merken ist. Der kontrollierende Geist wird nicht viel finden, und einen Maßstab, der die Resultate solcher Wandlung meßbar macht, gibt es – Gott sei Dank! – nicht. Aber Einbildung ist es auch nicht, ganz gewiß nicht.

Unsere Zeit liebt weithin die starken Reize: die scharf gewürzten Speisen, die laute Musik, die raschen Bildfolgen, den blendenden Glanz unserer gestylten Produkte, Reize, die in dieser Stärke und Häufigkeit der Seele schaden. Wer sich auf den Weg macht, wird die wunderbare Wirkung der feinen Reize entdecken und es lernen, sie zu genießen.

Ein Fremder werden

Je weiter ich mich von zu Hause entferne, desto mehr versinkt die gewohnte Welt und ich werde ein Fremder. Solange ich die Sicherheit meiner vertrauten Umgebung genoß, habe ich manchmal neugierig hinübergeschaut zu den Menschen, die als Fremdlinge in unser Land kamen: Türken, Aussiedler, Schwarze aus Afrika und viele andere mehr. Jetzt bin ich selbst zum Fremdling geworden, angewiesen auf die Barmherzigkeit und Menschlichkeit anderer.

Verlockend kann die Fremde auf mich wirken, sie kann aber auch verwirrend und beängstigend sein. Was ich zu Hause gelernt habe, hilft mir hier wenig, denn im fremden Land gelten andere Gesetze. Anders sind die Sitten und Gebräuche, unbekannt sind mir besonders die vielen ungeschriebenen Regeln, nach denen sich menschliches Leben hier vollzieht. Was gestern für mich richtig war, scheint plötzlich fatal, was ich eben noch unmöglich fand, begegnet mir hier als Selbstverständlichkeit und vielleicht sogar als Tugend. Ich werde dann allerdings auch bald erfahren: Es gibt eine internationale Währung, einen Wert, der im verwirrenden Mischmasch von Kulturen immer zählt: Menschlichkeit.

Widersprüchlich sind die Erfahrungen, die ich mache: Mal werde ich abgewiesen, ein ander Mal werde ich einfach ignoriert, oft fühle ich mich unverstanden, und dann ist da plötzlich so manche beglückende Erfahrung von Angenommensein und Gastfreundschaft. Auch die Fremde hat verwandelnde Kraft, und wer vor dem Ungewohnten nicht zurückschreckt, wird bald spüren, wie sein Herz sich weitet.

Wer selbst je als Fremdling von der Güte der Einheimischen gelebt hat, wer selbst die Ängste der Fremdlingschaft ausstehen mußte, wird dann allerdings auch ein

Herz für die Fremden haben, die in seine Heimat kommen und an seine Tür klopfen. Gottes Wort an Israel, in dem Gott sein Volk davor warnt, die Not der Fremdlinge auszunutzen, wird ihm teuer sein, denn wie Israel so weiß auch er „um der Fremdlinge Herz" (2Mo 23, 9).

Eine fremde Sprache sprechen

Zum Schwierigsten, was mir im fremden Lande begegnet, gehört die fremde Sprache, die hier gesprochen wird. Schnell schnappe ich ein paar Brocken auf, die immer wiederkehrenden Formeln des alltäglichen Miteinanders. Aber wo die Einheimischen so richtig miteinander reden, bin ich ausgeschlossen.

Soll ich ihre Sprache lernen? Oder bin ich dazu zu träge? Weiche ich der Tatsache aus, daß ich mich bei meinen unbeholfenen Versuchen, mich in der fremden Sprache auszudrücken, ganz bestimmt oft blamieren werde? Wird die dumme Angst, Fehler zu machen und vielleicht manchmal ausgelacht zu werden, die Oberhand behalten?

Eine neue Sprache lernen ist mehr, als nur neue Vokabeln sich anzueignen. Jede Sprache ist über ihre Bedeutung als Medium der Kommunikation hinaus auch eine bestimmte Art, die Welt zu sehen, zu gliedern und zu werten. Jeder Mensch ist auch Gefangener der Sprache, die er spricht. Im Erlernen einer neuen Sprache öffnet sich die Tür. Ich entdecke, daß sich dies und jenes auch ganz anders sagen läßt. Es anders sagen aber heißt, es neu zu sehen.

Nicht nur für das Erlernen einer Fremdsprache ist dies wichtig. Auch wo ich mich nur in meiner Muttersprache bewege, gilt, daß es viele Möglichkeiten gibt, sie zu sprechen. Auch im Rahmen der Muttersprache gibt es die herrliche Chance, aus der Gefangenschaft gewohnter Sprachmuster, Redewendungen, Formeln und Floskeln auszubrechen und neue Möglichkeiten des Ausdrucks zu suchen und zu finden. Vielleicht gibt es auch so manches in unserem Leben, über das wir überhaupt noch nicht richtig reden können, weil wir noch keine Sprache dafür gefunden haben. Wo ein Mensch wirklich neu wird, da wird sich auch seine Sprache erneuern.

Es lohnt sich, dies einmal im Blick auf unsere Art, vom Glauben zu reden, zu bedenken. Mir tut es oft weh, wenn ich so vielen Christen begegne, die für die Erfahrungen und Inhalte ihres Glaubens nur eine einzige Sprache haben, und diese ist oft nicht einmal schön, sondern veraltet oder pathetisch oder in Formeln erstarrt. Es ist, als hätten sie ihren eigenen Glauben – das Beste, was sie besitzen! – in diese oft so unzulänglichen Sprachschablonen eingesperrt. Und wenn dann jemand kommt, der es wagt, dem eingekerkerten Glauben die Tür zur Freiheit zu öffnen, trifft er auf Mißtrauen oder sogar auf feindseligen Widerstand.

Missionare kennen die Aufgabe, das Evangelium in fremde Sprachen zu übersetzen. Mit einem gewissen Recht könnte man Missionare sogar als Berufsübersetzer bezeichnen. Aber nicht nur ins Arabische oder Kirgisische, in Zulu oder Tswana, will die Frohe Botschaft übersetzt sein. Die Übersetzung des Evangeliums in die Sprache unserer Zeit hat gerade erst begonnen. Wohlgemerkt, nicht die Übersetzung in modernes Talk-Show-Deutsch. Diese Arbeit ist geleistet. Aber die Aufgabe der Sprachfindung ist weiter und tiefer. Sie beginnt da, wo ein Mensch sich traut, nach neuen Ausdrucksmöglichkeiten für seinen Glauben zu suchen.

Glück soll der Mensch haben

Unser Leben und Arbeiten ist weitgehend bestimmt durch diszipliniertes, kontrolliertes Vorgehen. Der Erfolg unseres Schaffens hängt ab von unserer Planung und Organisation, von Konsequenz und Konzentration, von Fleiß und Ausdauer. Je mehr wir durch Beachtung dieser Aspekte das Gelingen und den Ertrag im Griff haben, desto wohler fühlen wir uns.

Dem, der unterwegs ist, geht es anders. Zwar läßt sich auch beim Wandern vieles vernünftig planen und organisieren. Aber mehr als sonst sehen wir uns auf dem Weg von Faktoren abhängig, die sich unserem Willen eigenartig entziehen. Dafür kann der Wanderer jedoch eine Kategorie neu entdecken, die dem planenden Menschen mehr und mehr abhanden kommt: das Glück. Wo aber vom Glück die Rede ist, ist das Gegenteil, das Pech, nicht weit. Aber die meisten, die sich je auf den Weg gemacht haben, erzählen hinterher nicht von endlosen Pechsträhnen, sondern von kleineren und größeren Glückserfahrungen.

Glück kann ich haben mit dem Wetter, das mir freundlich oder unfreundlich gesonnen ist. Glück kann der Segler mit dem Wind haben, aber natürlich auch Pech. Glück ist es, wenn ich – oft sehr „zufällig" – eine gute Herberge zur Nacht finde. Glück ist es, wenn ich – manchmal auf abenteuerliche Weise – eine Gefährtin, einen Gefährten treffe, der mein Leben reich macht, vielleicht sogar mein Lebensgefährte wird. Glück kann ich haben, wenn ich im unwegsamen Gelände doch noch den halb zugewachsenen Weg entdecke oder rechtzeitig merke, daß ich mich verlaufen habe. Glücklich ist, wer am Wegesrand ganz unverhofft etwas Schönes findet: eine seltene Pflanze, einen bunten Schmetterling, oder, wie es mir einmal ausgerechnet auf der Toilette eines

Eisenbahnzugs geschah, ein Bündel mit fünfzig echten Zehnmarkscheinen! Welch ein Glück! Ich hätte diesen Schatz ja nicht entdeckt, wenn mich nicht ausgerechnet auf der kurzen Strecke zwischen Cuxhaven und Bremerhaven das menschliche Bedürfnis zur Fundstelle getrieben hätte! Vor allem aber: Wie oft hatte ich Grund, von Glück zu sprechen, wenn ich vor geringerem oder größerem Schaden bewahrt blieb, und das nicht, weil ich mich so klug angestellt hatte, sondern offenbar deswegen, weil ich bewahrt bleiben sollte.

In der christlichen Normalsprache ist das Wort „Glück" eher verpönt. In den Ohren vieler Christen klingt es heidnisch. Immerhin, ein Blick in eine Konkordanz lehrt, daß es jedenfalls kein absolut unbiblisches Wort ist. Im Alten Testament haben wir sogar mehrfach den schönen Wunsch „Glück zu!" (1Sam 10,24; Sach 4,7 u.a.), ein wirklich hübscher Gruß und Glückwunsch.

Ganz fremd ist das schöne Wort „Glück" leider im therapeutisch-seelsorgerlichen Bereich. Hier ist so gut wie alles darauf abgestellt, daß ein Mensch die Verantwortung für sein Leben selbst in die Hand nimmt, so daß für glückliche Fügungen kaum noch Platz ist. Und doch lassen sich auf fast jedem Lebensweg, in jeder Lebensgeschichte die Spuren des Glücks ausmachen. Wie vieles in unserem Leben verdanken wir nicht unserem Können, so daß wir es mit Stolz als unsere Errungenschaft ausgeben dürften, sondern schlichtweg der Tatsache, daß wir Glück gehabt hatten.

Von unserer eigenen Sprache können wir hier lernen. Wir brauchten nur einmal darauf zu achten, wie oft wir Ausdrücke wie „ein Glück!", „zum Glück" oder „glücklicherweise" gebrauchen! Und wie selbstverständlich beginnen unsere Gratulationen mit den Worten „Herzlichen Glückwunsch zum …"! Freilich: für einen Christen ist das Glück nicht ein anonymes Schicksal, die rollende

Kugel, die von Zeit zu Zeit aus unerfindlichen Gründen auch über unseren Weg rollt. Für mich hat das Glück einen Namen, den ich kenne, der sich mir bekannt gemacht hat: den Namen des Gottes, der Himmel und Erde gemacht hat.

„In dunkler Nacht wollen wir ziehen"

Nachtwanderungen haben einen besonderen Reiz. Ich denke jetzt nicht an die nächtlichen Unternehmungen, die wir als Kinder oder Jugendliche im sommerlichen Zeltlager erlebten. Da zogen wir am späten Abend in halbdunkler Sommernacht für ein oder zwei Stunden los oder wurden um zwei oder drei Uhr geweckt und wanderten, mit Taschenlampen ausgerüstet, in den anbrechenden Morgen. Da gab es vielleicht auch eine kleine Gruselei, aber das war Spiel und Spaß, und wir merkten schnell, daß das Unheimliche von unseren Leitern inszeniert worden war.

Ganz anders ist es, wenn ich eine ganze Nacht hindurch unterwegs bin, wie ich es mehr als einmal gemacht habe. Es fängt zunächst sehr schön an, wenn sich die Dunkelheit langsam auf das Land senkt und die grauen Töne dichter und dichter werden, bis sie schließlich alles eingehüllt haben. Mit der Dunkelheit kommt die Stille, und bald kann ich wirklich mit Matthias Claudius staunend feststellen: „Wie ist die Welt so stille!"

Es ist schon ein eigentümlicher Kontrast: alles geht heim, eine Stimmung, wie sie Hanns Dieter Hüsch so wunderbar einfach eingefangen hat:

Schmetterling kommt nach Haus
Kleiner Bär kommt nach Haus
Känguruh kommt nach Haus
Die Lampen leuchten
Der Tag ist aus

Fuchs und Gans kommen nach Haus
Katz und Maus kommen nach Haus
Mann und Frau kommen nach Haus
Die Lampen leuchten
Der Tag ist aus

Selbst auf der fernen Straße wird es ruhiger. Immer seltener tastet sich der Lichtkegel eines Autoscheinwerfers durch die Nacht.

Alle gehen nach Hause und genießen Wärme und Behaglichkeit, nur ich allein bin noch unterwegs in der Nacht. Aus offenen Fenstern klingt manchmal Musik: dröhnende Bässe jugendheißer Rockmusik oder die überzuckerte Melodie eines Liedes, das von Heimat und von fernen Sternen singt. Und in fast jedem Haus flimmert durch ein Fenster das wechselnde Licht des Fernsehschirms. Aber dann liegt auch das letzte Dorf, das letzte Haus hinter mir, und höchstens der Mond, der zwischen großen Wolken schwimmt, wirft hin und wieder Streifen blassen Lichtes auf meinen Weg. Spärlich sind die Stimmen der Nacht: ein leises Rascheln, der Ruf eines Nachtvogels, ein knackendes Stück Holz, meine eigenen Schritte.

Ein Chorus aus Taizé klingt in mir auf:

In dunkler Nacht wollen wir ziehen,
lebendiges Wasser finden.
Nichts als der Durst wird uns leuchten,
nichts als der Durst wird uns leuchten.

Schwermütig sind die Klänge der Melodie, auch wenn ich sie nur ganz leise vor mich hinsinge, viele Male, denn der Chorus erschöpft sich nicht. Ja, nun ist es wirklich Nacht. Beschwerlich ist der Weg, viel Aufmerksamkeit und wache Sinne verlangend. Die Fülle der tröstlichen Erscheinungen, die den Tag so freundlich ausfüllten, ist verschwunden. Eine Welt der Scherenschnitte oder Schattenrisse, konstantes Schwarz, ohne Zwischentöne. Eigenartig aussichtslos scheint alles. Und kühl ist es geworden! Kein warmer Hauch, der mich zärtlich umfängt, nur Frösteln, Gänsehaut. Auch einen mutigen Menschen beschleicht jetzt die Angst; es muß ja nicht gleich panischer Schrecken sein, aber ein unangenehmes Unwohlsein, ohne bestimmten Grund, und eben deswegen so schwer auszuhalten.

Aber das Schlimmste ist die Zeit, die in solchen Stunden so elend langsam dahinschleicht, als werde sie von einer finsteren Macht in ihrem gewohnten Lauf gebremst. Ich habe das Gefühl, überhaupt nicht voranzukommen. Bin ich überhaupt noch auf dem richtigen Weg? Dankbar grüße ich jeden Stern, der mir die ungefähre Richtung weist. Ein Buchtitel fällt mir ein: „Warum war die Nacht so lang?" Aimé Duval hat es geschrieben, jener französische Jesuit, der fröhliche Troubadour Gottes, der als gefeierter Sänger und bewunderter Glaubenszeuge von Konzert zu Konzert fuhr, bis ihn der Alkohol so sehr im Griff hatte, daß seine Oberen ihn aus dem Verkehr ziehen mußten. Eine lange Nacht, scheinbar endlos lang, so beschreibt er die harte Entziehungskur, der er sich unterwerfen mußte.

Warum ist die Nacht so lang? Und warum muß ich hier einsam durch die Nacht laufen und könnte es doch viel bequemer haben?

Ob es je Morgen werden wird? Werde ich den Morgen erleben? Ausschau halten nach dem ersten Zeichen der Dämmerung, nach der Gnade des Lichtes, der Erleuchtung! Schon als Kind ergriff mich beim Bibellesen jene Szene aus dem Jesajabuch, in der von ferne aus dem Gebirge Seir der verzweifelte Ruf erklingt: „Hüter, ist die Nacht schier hin? Hüter, ist die Nacht schier hin?" Schrecklich ist die Antwort, die den Fragenden zuteil wird: „Wenn auch der Morgen kommt, so wird es doch Nacht bleiben. Wenn ihr fragen wollt, so kommt wieder und fragt!" (Jes 21, 11-12). Ich komme wieder, ich habe ja nur noch eine Frage: Ist diese Nacht denn immer noch nicht rum? Geht sie denn nie zu Ende? Nie habe ich mich so sehr nach dem Anbruch des Lichtes gesehnt als in solchen durchwanderten Nächten. Sehnsucht, mit Bangen gemischt. Hoffnung, die zu sterben droht und die ich doch nie gänzlich fahren lassen konnte.

Wieder steht ein Bild vor meinen Augen: Jakob auf der Flucht vor seinem Bruder, im Traum heimgesucht von Gott. Und dazu den tröstlichen Vers:

Ist dann die Nacht vorbei,
leuchtet die Sonn',
weih ich mich dir aufs neu
vor deinem Thron!

Noch war keine Nacht auf dieser Erde ohne Ende. Aber Nächte, die endlos scheinen, hat es schon viele gegeben, und noch viele werden kommen. Doch wie lang die Nacht auch sein mag: Wer durch die Nacht wandert, geht dem Morgen entgegen.

Ankommen

Bisher war so gut wie nie vom Ziel der Wanderung die Rede. Warum? Ist es unwichtig? Sollen wir ziellos umherirren? Nein. Ich möchte auch nicht zu schnell mit dem heute so gern angeführten Paradox *finis viae via* kommen. Danach wäre der Weg selbst das Ziel der Reise und die Gehbewegung Sinn der Wanderung. Wohin aber gehen wir? Unser letztes Ziel ist Gott, und alle anderen Ziele, die wir uns in unserem Leben setzen, sind vorläufig. „Nichts kann uns genügen, wir ewigen Nomaden auf dem Weg zu Gott", sagt Antoine de Saint-Exupéry (Die Stadt in der Wüste). Unser Ziel ist Gott, und Gott ist unser Heil und die Heilung aller unserer Zerrissenheit; zu ihr hin sind wir auf dem Weg.

So ist jedes andere Ziel nie mehr als ein Durchgangsstadium. Wenn wir ankommen, dann am Halteplatz, an einer Lagerstätte, in der Herberge. Im Herzen aber tragen wir das Bild des ewigen Zieles, und darum geben wir uns nie mit etwas Vorläufigem zufrieden. Wir lassen uns nicht auf das Diesseits vertrösten, denn der Trost, den wir suchen, ist unvergänglich. Das Bild in unserem Herzen ist stark. Es gibt Kraft, Ausdauer und Orientierung. In unserer Meditation nehmen wir wieder und wieder den großen Tag vorweg, an dem wir wirklich am Ziel sind und in Gottes ewige Ruhe eingehen.

Schon ein kurzer Spaziergang

Manchem wird beim Lesen dieser „Erfahrungen" ein schwerwiegender Einwand gekommen sein: Wer kann sich das leisten? Wer hat das Geld – die Zeit – die Kraft – die Freiheit zu solchen Unternehmungen? Zumal wenn ein alter Mensch diese Zeilen liest, was können sie ihm sagen? Oder wenn es gar jemand ist, der seit langer Zeit an den Rollstuhl gefesselt ist?

Was wir zur Veranschaulichung gewählt haben, war durchweg aus der Erfahrung längerer Wanderfahrten in oft auch ferne, fremde Länder gewonnen. Und doch sollte niemand denken, derartige Erfahrungen könne man nur bei solch aufwendigen Unternehmungen machen. Gott sei Dank sind solche Erfahrungen auch auf einem ganz kurzen, einfachen Spazierweg zu machen. Der Segen hängt überhaupt nicht von zeitlicher Dauer oder von zurückgelegten Kilometern ab. Schon ein kurzer Weg, intensiv und achtsam gegangen, kann einen Menschen in erstaunlichem Maße verwandeln.

Die entscheidenden Fragen lauten ganz einfach: Bist du wirklich aufgebrochen? Bist du wirklich auf dem Weg oder döst du nur vor dich hin und spürst weder Füße noch Straße? Wer mit dem Herzen geht, wird nie leer ausgehen. Die hebräische Sprache hat eine hübsche Eigenart: will jemand die Ernsthaftigkeit oder Intensität einer Handlung ausdrücken, so verdoppelt er die Form des Tätigkeitswortes. Will man es im Deutschen nachahmen, so müßte man etwa sagen: „weinend weinen", „lauschend lauschen", „kämpfend kämpfen". In diesem Sinne ließe sich dann auch sagen: Wer gehend geht, ist auf dem rechten Weg. Und dann spielen Himmelsrichtung und Kilometerleistung überhaupt keine Rolle mehr.

Und wenn auch der kürzeste Weg ausgeschlossen scheint, weil dir Alter, Krankheit, Gebrechlichkeit oder Behinderung das unbeschwerte Laufen unmöglich machen? Nicht einmal dann solltest du dies Büchlein traurig aus der Hand legen, denn dein Herz kann gehen, auch wenn du nicht mehr aufstehen kannst. Wenn aber dein Herz „gehend geht", sind alle die Erfahrungen möglich, von denen diese Zeilen erzählen. Ich setze bei all diesen Gedanken nicht auf Quantität, sondern auf Qualität. Mein Aktionsradius wird sich schon aus Gründen des Alters immer mehr verkleinern. Qualität aber, Herzlichkeit und Hingabe, sind mir nicht so leicht zu nehmen.

DAS FEST DER WANDLUNG

Ich bin in einer protestantischen Universitätsstadt im Norden Deutschlands aufgewachsen. Damals – zum Teil noch während des Krieges – lebten nur wenige Katholiken unter uns. Was unter Evangelischen über die Katholiken gesagt wurde, war oft unfreundlich und meistens von keiner Sachkenntnis getrübt. Das ökumenische Zeitalter war noch nicht angebrochen. So wirkte denn auch das Kirchengebäude der katholischen Pfarrgemeinde, ein Neubau aus den zwanziger Jahren, fremd und geheimnisvoll auf meinen kindlichen Sinn. Nie hätte ich es gewagt, mir dieses dem Heiligen Paulus geweihte Gotteshaus von innen anzusehen!

Zu dem Merkwürdigen, was wir über die Gebräuche der Katholiken erfuhren, gehörte die Kunde von einem Glöckchen, das angeblich mitten im Gottesdienst läuten würde, nicht hoch oben vom Turm wie bei uns zum Vater-unser, sondern im Altarraum. Bösere Zungen fügten hinzu, das Glöckchen diene dazu, die Kirchgänger zu wecken, damit sie den Höhepunkt der Messe nicht verpaßten. Später erfuhr ich, daß dieser Höhepunkt bei unseren katholischen Brüdern und Schwestern die „Wandlung" heißt und daß sie eintritt, wenn der geweihte Priester über Brot und Wein die segnenden Worte der Einsetzung des Heiligen Mahles spricht, so daß aus Brot und Wein Leib und Blut Christi werden.

Noch später, im Studium, lernte ich, daß die Wandlung in der lateinischen Fachsprache „Transsubstantiation" genannt wird. Obwohl ich eigentlich ziemlich zungengewandt bin, brauchte ich einige Zeit, bis mir das schwere Wort ohne Anstoß über die Lippen ging. Ich lernte auch die lutherische Lehre kennen, die die römische Auffassung als unbiblisch zurückweist. Aber je besser ich wußte, warum diese Lehre nicht evangelisch sei, um so mehr faszinierten mich Wort und Sache: Wandlung! In der Mitte des Gottesdienstes, von den Gläubigen ehrfurchtsvoll gefeiert, das Geheimnis der Wandlung! Gewiß, die scholastische Auffassung, nach der irdische Materie durch das segnende Wort in himmlische Materie gewandelt wird, unterliegt schweren Bedenken, für die heute auch eine wachsende Zahl katholischer Theologen Verständnis zeigt. Aber daß das gesegnete Brot und der gesegnete Wein auf eigenartige Weise anders ist (wie, das muß man ja nicht unbedingt analysieren und mit Hilfe einer rationalen Theorie beschreiben können), läßt sich nicht gut bestreiten. Da ist etwas, was kein Lebensmittelchemiker je wird fassen können, ein Geheimnis, das uns erlaubt, vom „Brot des Lebens" und vom „Kelch des Heils" zu sprechen. So habe ich von meinen katholischen Brüdern und Schwestern gelernt, dem Wunder dieser Speise mit ehrfürchtiger Gebärde zu begegnen.

Je länger ich dies tue, desto mehr freue ich mich an diesem Satz: In der Mitte des Gottesdienstes feiern wir das Geheimnis der Wandlung. Daß nicht alles ewig bleiben muß, wie es nun einmal ist, daß sich – meistens überraschend – Wandlung vollzieht, daß Wandlung möglich ist, wo Leben ist, gehört für mich zu den schönsten Seiten des Daseins. Es ist eine bewegende Erfahrung, wenn Menschen aus der Starre erwachen und sich zu wandeln beginnen. Es ist Grund zu höchster Freude, wenn jemand, der vielleicht abgrundtief von sich enttäuscht ist, weil bei allen Versuchen, das Leben zu bessern, doch immer nur alles beim alten geblieben ist, wenn ein solcher Mensch die Kräfte der Erneuerung spürt und den Prozeß der Umgestaltung erlebt und – erleidet.

Das Wunder der Wandlung, der Wandelbarkeit, läßt sich nicht ergründen. Vielleicht, daß jemand es mit unbeholfenen Worten wenigstens einigermaßen angemessen erzählen kann. Aber feiern können und sollen wir es. In solcher Feier erwächst uns Kraft gegen die hoffnungslose Resignation, mit der wir uns ohne Grund und viel zu früh selbst aufgegeben haben.

Jede Feier der Wandlung aber geschieht im Vorausblick darauf, daß wir eine große Verwandlung immer noch vor uns haben: unseren Tod. Triumphierend erklingt es im letzten Teil von Händels „Messias". „Es schallt die Posaun', und wir werden verwandelt" (nach 1Kor 15,52). Wir werden verwandelt – und noch weiß keiner von uns, was das ist. Denn noch nie ist uns jemand begegnet, der diese Verwandlung bereits hinter sich hat. Es ist denn auch biblischer Grundsatz, daß nicht Abgesandte aus dem Totenreich uns aus unserer Gleichgültigkeit wachrütteln sollen, sondern das lebendige Wort der Heiligen Schrift (Lk 16,29-31).

Müssen wir sie fürchten, diese letzte große Verwandlung? Wer auf seiner Erdenwanderung den Segen der Wandlung erlebt hat, wird in aller Bescheidenheit sagen: Nein, wenn wir sterbend verwandelt werden, werden wir uns wohl nicht verschlechtern, und das ist – so nüchtern es klingt – Trost genug.

Reinhard Deichgräber

Gottes Willen erkennen und tun

64 Seiten. Taschenbuch
Bestell-Nr. 3-7655-5482-0

Für viele ist die Frage nach dem Willen Gottes ein
schwieriges Problem. Denn der Wille Gottes scheint
schwer zu erkennen und noch schwerer zu erfüllen.

In ständiger Bezugnahme auf die Bibel werden Wege
gezeigt, wie wir mit dem Willen Gottes vertraut werden
und uns Gottes Herzenswünsche zu eigen machen können.

BRUNNEN VERLAG GIESSEN

Gerhard Ruhbach

Geistlich leben

Wege zur einer Spiritualität im Alltag

64 Seiten. Taschenbuch
Bestell-Nr. 3-7655-5481-2

Auch unter Christen ist „geistliches Leben" in vielen
Fällen völlig unanschaulich geworden. Wie finden wir
wieder dahin, daß geistliches Leben unseren Alltag
bestimmt und durchströmt? Wie finden wir zu den
Quellen geistlichen Lebens zurück, die durch Jahr-
hunderte Christen erquickt haben?

Dieses Buch fügt sich nicht in den Reigen der Kla-
genden ein, sondern zeigt bewährte Wege auf zu
neuem, frühlingshaftem Leben – gerade im Alltag.

Dr. Gerhard Ruhbach ist Professor für Kirchen-
und Dogmengeschichte an der Kirchlichen Hochschule
Bethel. Arbeitsschwerpunkte sind u. a. christliche Frömmigkeit und Spiritualität.

BRUNNEN VERLAG GIESSEN

Wolfgang Kubik
Verschlossenheit und Sehnsucht

Begleitende Gespräche mit jungen Menschen

80 Seiten. Taschenbuch
Bestell-Nr. 3-7655-5483-9

Jugendarbeit und Jugendseelsorge haben eine starke Professionalisierung erfahren. „Sozialarbeiter" muß man sein; der normale „Jugendleiter" früherer Zeiten ist „out". Aber die meisten jungen Christen brauchen nur jemanden, der ihnen ein verläßlicher Gesprächspartner ist. Dennoch bleibt die Erfahrung: Ein und derselbe Jugendliche sehnt sich nach einem verständnisvollen Gesprächspartner, verschließt sich dann aber oft einem weiterhelfenden Gespräch.

Ein erfahrener Praktiker zeigt, wie Vertrauen wachsen kann und wie ein Dranbleiben in Krisen Früchte trägt. Seine Erfahrungen machen Mut, immer neu das geistliche Gespräch mit jungen Menschen zu suchen.

BRUNNEN VERLAG GIESSEN